BEI GRIN MACHT SICH IHR WISSEN BEZAHLT

AF143515

- Wir veröffentlichen Ihre Hausarbeit,
  Bachelor- und Masterarbeit

- Ihr eigenes eBook und Buch -
  weltweit in allen wichtigen Shops

- Verdienen Sie an jedem Verkauf

Jetzt bei www.GRIN.com hochladen
und kostenlos publizieren

Unterrichtsentwurf zum Thema "Mental Health - A Hidden Crisis Affecting Millions"

Niklas Richter

Bibliografische Information der Deutschen Nationalbibliothek:

Die Deutsche Nationalbibliothek verzeichnet diese Publikation in der Deutschen Nationalbibliografie; detaillierte bibliografische Daten sind im Internet über http://dnb.d-nb.de abrufbar.

ISBN: 9783389025314
Dieses Buch ist auch als E-Book erhältlich.

Druck und Bindung: Books on Demand GmbH, Norderstedt Germany
Gedruckt auf säurefreiem Papier aus verantwortungsvollen Quellen

Das vorliegende Werk wurde sorgfältig erarbeitet. Dennoch übernehmen Autoren und Verlag für die Richtigkeit von Angaben, Hinweisen, Links und Ratschlägen sowie eventuelle Druckfehler keine Haftung.

Das Buch bei GRIN: https://www.grin.com/document/1452403

Universität Potsdam

Department Bildungswissenschaften

Seminar: SPS Englisch

Semester: Wintersemester 2021/22
Abgabe: 16.12.2021

Schriftliche Unterrichtsplanung

Stundenthema: Mental Health – A Hidden Crisis Affecting Millions

Kompetenzschwerpunkt: Sprechen

Student

Niklas Richter

Studienfächer & Fachsemester

Englisch & Spanisch (9. FS)

Inhaltsverzeichnis

1. Bedingungsfeldanalyse

Die Schule des x-Gymnasiums in x steht in städtischer Trägerschaft. Hier werden S*i (Schüler*innen) von der 5. bis zur 12. Klasse von ungefähr 50 L*i (Lehrer*innen) unterrichtet. Die Schule bietet Leistungs – und Begabtenklassen für die 5. und 6. Klassenstufe sowie bilingualen Unterricht, z.B. in Geschichte und Biologie ab der 7. Klassenstufe an. Das x-Gymnasium veranstaltet verschiedene Wettbewerbe, wie Mathematik – und Biologieolympiaden als auch Fremdsprachenwettbewerbe und bietet schulische Veranstaltungen, z.B. Aulakonzerte oder den Politikgeflüster-Podcast an (vgl. https:// ehgwerder. de/das-sind-wir/). Der Unterricht findet in 90-Minuten-Blöcken statt und ist in A- und B-Woche gegliedert.

Der Englisch-Leistungskurs der 11. Klasse des x-Gymnasiums besteht aus 16 S*i. Die Lernenden arbeiten in einer Konstellation von vier Gruppentischen, an denen jeweils immer vier Personen sitzen. In dem Kurs herrscht ein relativ heterogenes Leistungsniveau. Unterrichtliche Gespräche werden zum Teil Deutsch in geführt, wobei die führende Lehrkraft die S*i an die Anwendung der englischen Sprache erinnern muss. Am Tisch vorn rechts von der Lehrperson aus gesehen, werden zumeist auch nebensächliche Gespräche geführt, die vom Unterricht abweichen.

Die S*i zeigen sich aufgeschlossen gegenüber angebotenen Inhalten und arbeiten in der Regel interessiert und motiviert mit. Die aktive Unterrichtspartizipation und das unaufgeforderte Melden erweisen sich im Unterrichtsgeschehen, wenn auch anfangs zögerlich, konsistent, wodurch eine positive Lernatmosphäre wahrgenommen wird. Das Arbeitsklima ist freundlich und ruhig. Diese Komponenten bestärken die S*i darin, ihre Erkenntnisse und Vermutungen zu äußern. Alternativ bietet es sich für die Stunde an, in Kleingruppen zu arbeiten und dann gemeinsam im Plenum die Ergebnisse der Partner- oder Gruppenarbeit zu besprechen, um die Hemmschwelle zu senken.

Kommunikative Kompetenz

Die S*i können einen an das Lernniveau angepassten Text, der ihnen von der Lehrperson gegeben wird, sinnentnehmend rezipieren. Alle Lernenden sind in der Lage, sich mündlich mit einfachem bis fortgeschrittenem Vokabular auszudrücken und ihre Gedanken mit Unterstützung der Lehrkraft zu äußern. Obwohl einige der S*i manchmal das Deutsche benutzen, um Fragen genauer zu erläutern, wird dies im Unterrichtsgeschehen nicht sanktioniert. So wird diese Tätigkeit der S*i jedoch in die mündliche Mitarbeit mit einbezogen. Die Lehrkraft versucht im Englischunterricht die Lernenden immer anzuregen, die Sprache selbst anzuwenden. Es wird so gehandelt, da einer der effizientesten Spracherwerbsprozesse die tatsächliche Produktion der Zielsprache ist. Dies bedeutet, dass die Lernenden angehalten sind, Eigeninitiative zu zeigen und sich im *Sprechen* in einem geschütztem Lernumfeld versuchen sollen. Die S*i können komplexe Anweisungen auf Englisch verstehen. Für die Sicherung des Verständnisses der S*i werden die Aufgaben schriftlich festgehalten (Tafel, Whiteboard, Arbeitsblatt), visualisiert (Gestik, Mimik der Lehrkraft, Bilder) oder auch auf Englisch oder Deutsch von den Lernenden wiederholt.

Methodische Kompetenz

Die S*i können in selbstständigen und in kooperativen Lernformen arbeiten. Bei Fragen bezüglich Vokabular oder anderen Unsicherheiten suchen sie selbst mithilfe ihres Handys nach der Bedeutung von gewissen Wörtern, wenden sich an andere S*i oder an die Lehrkraft selbst. Sie üben ihr Leseverstehen, indem sie sich intensiv mit dem von der Lehrkraft erstellten Texten auseinandersetzen, wesentliche Informationen extrahieren und diese über das Erstellen eines gemeinsamen Tafelbildes sichern. Die Lernenden wurden bereits mit Abiturformaten vertraut gemacht und haben bisher gezeigt, dass sie Comments schreiben, Reviews kritisch hinterfragen und ihre Meinung gegenüber unsachlichen Themen ausdrücken können. Die SuS sind lehrer*innenzentrierte Arbeitsformen gewöhnt, sind aber durch eine Umstrukturierung der Lernangebote in den letzten Jahren an schülerzentrierten Unterricht herangeführt worden und wirken dort auch souverän. Die Unterrichtsstunden finden am Freitag im Raum 139 von 9:50 bis 11:20 statt. Der Raum bietet genug Platz für die SuS sich zu bewegen. Er ist mit 3 Whiteboards und einer elektronischen Tafel ausgestattet.

Personale und soziale Teilkompetenz

Die S*i stärken selbstständiges und kollaboratives Lernen und Arbeiten, indem sie in unterschiedlichen Sozialformen (Einzel- Gruppenarbeit, Plenum) agieren und lernen. Die SuS lassen sich gut motivieren und stehen der gemeinsamen Arbeit mit der Lehrkraft offen und kooperativ gegenüber. Sie akzeptieren die von der Lehrkraft vorgegebenen Sozialformen und arbeiten in diesen zweckorientiert, auch wenn sie effektiver in Partner- und Gruppenarbeit als in Einzelarbeit mitmachen, da es manchmal zu Verständnisproblemen bei Arbeitsaufträgen kommt und diese so schneller in Gruppen unter Peers geklärt werden können.

2. Darstellung und Begründung didaktisch-methodischer Entscheidungen

2.1. Tabellarische Verlaufsplanung

Zielkompetenz: Sprechen

Grobziel: Die S*i sind dazu in der Lage, die grobe Struktur eines Kommentars zu erstellen und werden durch die Anmerkungen ihrer Mitschüler*innen dazu befähigt, mithilfe dieser Struktur einen kohärenten Text zu verfassen.

Feinziel: Die S*i reflektieren kritisch über das Thema „Mental Health & Self-esteem" und tauschen sich untereinander über Aspekte der Thematik und Wege, mit denen man mit Unsicherheiten umgehen kann, aus. Anschließend transferieren sie dieses Wissen auf die Struktur eines Kommentares über den fiktiven Text *Push* und wenden das Gelernte an.

Uhrzeit	Didaktische Phase	Sozial- und Aktion sform	Geplantes Lehrer*innen-verhalten/Impulse	Geplantes S*i verhalten	Materialien/ Medien	Konkretisierung des Standards/ didaktisch-methodischer Kommentar
09:50 – 09:51 Uhr 1'	Einstieg	Le-V	L begrüßt S*i, stellt sich vor	S*i nehmen Begrüßung auf	/	Die S*i werden erneut kurz mit der Lehrperson vertraut gemacht.
09:51 – 09:57 Uhr 6'	Hinführung	GA	L erklärt heutigen Arbeitsauftrag ohne das Thema zu verraten *Take a look at the pictures. Describe them and exchange ideas with your partner. You will afterwards present your ideas to the class*	S*i reden in Partnerarbeit über die dargestellten Bilder, besprechen sich	Promethean-Board	Es wurde von mir an dieser Stelle die Konfrontation mit Comics/Bildern als Unterrichtseinstieg ausgewählt, um den S*i eine ‚neue' Form des Unterrichtens zu bieten. Hierbei ergeben sich das anfängliche Aktivieren ihrer Englischkenntnisse und das Üben von

						Bildbeschreibungen -/ Interpretationen.
09:57 – 10:12 Uhr 15'		gUG	*Now, I will select a pair who will quickly present their findings. What were your impressions of the depictions?* Erwartungshorizont Beispiel Bild unten links *The image shows a girl who is sitting at a desk. She is drawn in black and white. Around the girl, many sentences float around, such as "I can't do this. I want to cry. I'm not good enough. So much homework. My grades are slipping". These sentences showcase negative emotions and thoughts that come up when thinking about problems created by school-induced stress. There is so much to think about that one gets overrun by negative affirmations, which feed on your self-consciousness*	S*i tragen ihre Gedanken zu einigen/allen Bildern vor (wenn es schnell geht, dann alle, wenn nicht, dann können Bilder aus Zeitgründen ausgelassen werden)		Dadurch, dass verschiedene Paare immer ihre Ergebnisse vorstellen müssen, können sich einzelne S*i nicht darauf verlassen, dass andere schon etwas sagen werden, da die Chance erhöht ist, dass sie durch das paarweise Beantworten der Fragen selbst präsentieren müssen. Ebenso können sich die S*i, sobald sie nicht mehr weiterwissen, sich mit ihren Partner*innen bereden oder die Frage ,What did you talk about?' an ihre Partner*innen abgeben, sodass sie sich gegenseitig ergänzen. Ebenso spart dieses Verfahren Zeit, da nicht darauf gewartet werden muss, dass sich eine Person meldet. Es werden zufällige Personen gebeten, ihre Ergebnisse zu präsentieren.
10:12- 10:13 Uhr 1'		gUG	L fragt S*i nach Thema der heutigen Stunde *We have now examined multiple illustrations on a certain topic. All of the pictures share the same matter. Can you guess which one?*	S*i nennen Themen wie ,Mental Health/ Problems, Anxiety, Stress, Negative Thoughts, Insecurities'		Dadurch, dass die S*i sich selbst das Thema anhand der dargestellten Bilder erschließen, wird ihnen mehr *Agency* vermittelt. Sie selbst müssen handeln und nachdenken, um das Stundenthema aufzudecken.
10:13 – 10:33 Uhr 20'	Erarbeitungs phase I	GA	L erklärt Arbeitsauftrag II *You will come together in groups*	S*i reden in Gruppen über ,Mental Health' und die Dinge,	Promethean-Board, Whiteboard, Stifte	Die Arbeit in kleineren Gruppen bewirkt, dass die S*i sich mehr trauen, Impulse zu

			of four. In these groups, note down things you associate with mental health (Causes, coping mechanisms like reaching out to friends, consequences). Create a mind map out of your thoughts. Highlight aspects that you think of as most important. Afterwards, one of your group members will present your mind map	die sie mit dem Thema verbinden, erstellen eine Mindmap.		setzen, als wenn sie vor der ganzen Klasse sprechen würden. Somit lassen sich in kurzer Zeit viele Ideen sammeln, die in den Gruppen an unterschiedlicher Gewichtung finden werden.
10:33 – 10:41 Uhr 8'	Ergebnissicherung I	gUG	*Let's wrap it up, everybody! Now, I'd like ... to represent their groups findings.*	S*i stellen ihre Mindmap vor, gehen auf die ihnen wichtigsten Punkte ein	Promethean-Board, Whiteboard, Stifte	Hierbei sollen potentiell auch S*i reden, die normalerweise nicht so viel wie andere zum Unterrichtsgeschehen beitragen. Da sie lediglich die Ergebnisse ihrer Gruppe präsentieren müssen, können somit auch sie ein Gefühl bekommen, mitgewirkt zu haben.
10:41 – 11:05 Uhr 24'	Erarbeitungsphase II	EA	L erklärt Arbeitsauftrag III, gibt S*i einen Gedanken, den sie kommentieren sollen, steht für Fragen verfügbar *We've talked about many things involving mental health up until now. In the following, I want you to create the structure for a comment on mental health in relation to Push/Precious. Think of the basics (Introduction, paragraph I, II, III and conclusion) and make short but*	S*i arbeiten in Einzelarbeit an den Gerüsten für ihren Kommentar, benutzen ihr Handy für Vokabelfragen oder richten sich an L	Promethean-Board, Whiteboard, AB, Mobiltelefon	Die S*i haben nun einen Wissenspool, auf dem sie in der Textarbeit basieren können. Sie sind dazu angehalten, ein Gerüst für einen Kommentar über das fiktive Werk *Push* zu schreiben und somit ihr Wissen von den vorherigen Sitzungen mit dem der heutigen Stunde zu verbinden.

11:05–11:15 Uhr 10'	Ergebnissicherung II	GA	concise bullet-points L erklärt Arbeitsauftrag IV *Talk to the classmates at your table and exchange your comment structures. Make remarks on the content. If you are done, change again.*	S*i lesen die Strukturen ihrer Mitschüler*innen und verfassen, wenn nötig, Verbesserungsvorschläge /äußern diese verbal in den Gruppen	Whiteboard	Die S*i peer-reviewen ihre Ergebnisse und üben, sich gegenseitig Feedback zu geben.
11:15-11:20 Uhr 5'	Puffer	gUG	L fragt S*i nach bester Struktur eines Kommentares, sollen Ideen des Nachbarn präsentieren Im Fall von Nichtmelden werden andere Impulse zum Nachdenken über die Arbeit gegeben/Es wird gefragt, was die S*i heute von der Stunde nach Hause mitnehmen können	S*i erwähnen ein bis zwei Texte ihrer Mitschüler*innen, die sie gut gefunden haben Reden über Inhalte der Stunde	AB	Es wird überprüft, ob die S*i die Gedanken ihrer Mitschüler*innen anhand des angefertigten Gerüsts darstellen können.

2.2. Didaktisch-methodische Begründung

Durch den hohen sprachlichen Input, der in dieser schüler*innenzentrierten Lehreinheit von den Lernenden geäußert wird, lässt sich die Unterrichtsstunde "Mental Health – A Hidden Crisis Affecting Millions" der funktionalen kommunikativen Kompetenz des Sprechens zuordnen. Die S*i sind dazu angehalten, ihre Gedanken entweder schon in der Erarbeitungsphase gewisser Aufgaben oder in der Ergebnissicherung mit ihren Mitschüler*innen, sei dies in kleinen Gruppen oder im Plenum, verbal zu äußern.

Das Thema „Mental Health" wurde von mir gezielt ausgewählt. Meiner Erfahrung nach wird an Schulen das Thema sehr selten besprochen, gar thematisiert. In Fällen, in denen dies passiert, so werden höchstens Flyer von Seiten, bei denen die S*i sich Hilfe suchen und informieren können, ausgeteilt. Zwar ist es wichtig, dass wir Lehrkräfte den S*i Hilfe zur Verfügung stellen, jedoch wirken solche Methoden der Behandlung auf die diese Arbeit verfassende Person eher artifiziell und unangebracht. Es wird nicht individuell darauf eingegangen, was die S*i potentiell als Hilfe benötigen, als Sorgen haben oder sonstiges mit sich tragen. Ebenso wird sich nicht damit beschäftigt, worüber die S*i reden wollen, was sie für Gedanken mit „Mental Health" assoziieren, inwiefern sie bereits mit dem Ernst der Lage dieser Thematik konfrontiert wurden und noch andere wichtige Aspekte. Natürlich kann ich all dies nicht in einer einzigen Stunde erledigen. Jedoch wollte ich den S*i einen kurzen Einblick gewähren, wie man potentiell das selektierte Thema gemeinsam behandeln kann und was sich daraus für jeden einzelnen ergibt.

Die von mir ausgewählte Art des Unterrichtsbeginns soll eine den S*i vielleicht ungewohnte Art des Einstiegs bieten, da die zu planende Stunde die letzte vor den Ferien ist und die S*i somit anders motiviert werden müssen, mitzuarbeiten. Mithilfe einer frühen Konfrontation mit den Bildern/Comics sollen die S*i via Buzzgroups sich zuerst untereinander über das Gesehen unterhalten, bevor dann im Plenum besprochen wird, das vorn an der Tafel abgebildet ist. Hierdurch wird den S*i zum einen die Initiative gegeben, sich in einem geschützten Umfeld der Gruppe an verschiedenen Antwortmöglichkeiten auszuprobieren, bevor sie diese vor der Klasse präsentieren. Zum anderen werden so schon früh ihre Englischkenntnisse aufgefrischt, sodass sie sich auf eine andere Sprache umstellen können. Abgebildet sind verschiedene Darstellungen von Ursachen/Begleiterscheinungen von Reizfaktoren psychischer Gesundheit. Die S*i reden erst kurz in Paaren miteinander und werden danach gefragt, als Paar ein Bild zu beschreiben, und zu interpretieren/bewerten. Das Herannehmen in einer Abfolge von Paaren ermöglicht es der Lehrkraft, potentiell mehr S*i als sonst gleich am Anfang der Stunde zu hören. Wenn ein*e S*i gebeten werden, zu präsentieren, so muss sich auch die andere lernende Person vorbereiten, möglicherweise etwas sagen zu müssen, falls noch einige Aspekte offengelassen wurden. Somit können auch S*i, die normalerweise nicht sonderlich aktiv im Unterricht partizipieren ein Erfolgserlebnis erzielen, da die Aufgabe lediglich in der Beschreibung/Darstellung der eigenen Meinung über eine Abbildung liegt. Falls die Person überfordert ist, so kann sie die Aufgabe immer noch an die benachbarte Person abgeben, sodass sie nicht vor der Klasse vorgeführt wird.

Erst, nachdem alle, beziehungsweise ein Großteil der Bilder besprochen wurde, wird das Thema der Stunde erörtert. Auch dies erfolgt, im Idealfall, nicht durch die Lehrkraft, sondern erneut durch die Lernenden. Der Fokus der Stunde liegt auf der Arbeit mit den Impulsen der S*i, dies wird an dieser Stelle deutlich. Es folgt eine kurze Übersicht der Stunde und damit der Übergang zur nächsten Aufgabe.

Nachdem die Bilder besprochen und das Thema erklärt wurde, sollen die S*i sich mit Mental Health als Ganzes beschäftigen und hierzu eine Mindmap mit allen Gedanken, die ihnen zu dem Thema einfallen, erstellen. Sie sind dazu angehalten, die Begriffe, die für sie als Gruppe am wichtigsten scheinen, zu unterstreichen, da sie sich in ihrer späteren Präsentation ihrer Ergebnisse an diesen Wörtern orientieren und diese als Hilfestellung nutzen können. So können sie zum Beispiel erläutern, warum Begriff x für sie bedeutsamer als andere Wörter war. Es wird ihnen eine kleine Hilfestellung der Strukturierung ihrer Mindmaps mit den Begriffen „Causes, Consequences, Coping Mechanisms" gegeben, mit denen sie ihre Gedanken sortieren können. Nachdem alle fertig sind, wird eine Person von der Lehrkraft ausgewählt, die die Ergebnisse präsentieren muss. Hierbei bietet es sich an, erneut Personen zu wählen, die weniger als andere im Unterricht beitragen, da sich das bloße Präsentieren der Ergebnisse eher als naheliegender erweist.

Anschließend steht die letzte Arbeitsphase bevor, in der die S*i eine Struktur für einen Kommentar über Mental Health in Relation zu *Push* schreiben sollen. Sie sind dazu angehalten, das Wissen, was sie in den vorherigen Stunden akkumuliert haben, in Kurzform zu präsentieren und mit dem heutigen Stundenthema zu verbinden. Da die Zeit nicht reicht, um einen ganzen Kommentar zu schreiben, habe ich mich dazu entschieden, dass sie lediglich die Vorarbeit für einen potentiellen zukünftigen Kommentar erledigen sollen. Selbst wenn später nicht weiter mit dieser Vorlage gearbeitet wird, so hilft diese Art der gelenkten Konzentration auf die Struktur ihres Textes den S*i, einen Rhythmus für das Schreiben zu finden. Sie müssen auf ein Arbeitsblatt die Felder „Introduction, Paragraph I, II, III & Conclusion" ausfüllen. Das Arbeitsblatt dient als Gelenkstelle, auf die sich die S*i stützen können. Das dargelegte Zitat soll für die S*i ein Anhaltspunkt sein, die Progression von Precious' Emotionen und Kampf mit psychischer Gesundheit zu erkennen und die Entwicklung, die sie durchgemacht hat, darstellen zu können:

> *Push* by Sapphire is a riveting example of how disconnection and isolation may be transcended even in the face of incredible adversity [. . .] [T]his [work] provides concrete examples of controlling images and the resulting pain. It also provides an example of how a growth-fostering relationship can help move someone from isolation into connection". (Natividad 339)

Zum Ende der Stunde sollen die S*i sich untereinander über diese Texte an ihren Tischen austauschen und das erstellte Material peer-reviewen. Dies ermöglicht ihnen, offener für Kritik und Impulse zu sein, als wenn sie ihre Arbeit zuerst im Plenum vorstellen müssten. Ebenso wird gefragt, ob es Texte gibt, die von einzelnen S*i als besonders gelungen angesehen wurden, sodass auch hier wieder die Möglichkeit für ein Erfolgserlebnis besteht. Falls dies nicht geschieht, so werden die S*i gefragt, was sie aus der Stunde mitnehmen können, um zu überprüfen, inwiefern die Lernenden wirklich mitgearbeitet haben und, um zu schauen, ob sie durch die Lerninhalte intrinsisch motiviert wurden oder nicht. Anschließend werden die S*i in ihre Ferien entlassen.

3. Anhang

In dem Anhang befinden sich das Quellenverzeichnis, der Erwartungshorizont für die Mindmap, das Arbeitsblatt und der dazu gehörige Erwartungshorizont.

Quellen

GALA.de. "Interviewreihe 'Mental Health Matters.'" *Gala.de*, GALA.de, 12 Dec. 2021, https://www.gala.de/stars/news/themen/mental-health-matters-22402442.html.

Gold, Jessica. "5 Times a Dinosaur Comic Made Us Laugh about Our Mental Health." *Forbes*, Forbes Magazine, 26 May 2021, https://www.forbes.com/sites/jessicagold/2021/05/26/5-times-a-dinosaur-comic-made-us-laugh-about-our-mental-health/.

Fogg, Virginia. "New Policy Addresses Mental Health Needs of Public School Students." *EducationNC*, EdNC, 19 Dec. 2019, https://www.ednc.org/new-policy-addresses-mental-health-needs-public-school-students/.

Mac, May. "Don't Let School Bring You down! Tips on Managing Stress and Mental Health." *Ripple Foundation*, 20 Nov. 2020, https://www.ripplefoundation.ca/2018/04/12/dont-let-school-bring-you-down-tips-on-managing-stress-and-mental-health/.

Morin, Amy. "The Way We Talk about Mental Health Is Broken. Here's How to Fix It." *Inc.com*, Inc., 12 June 2018, https://www.inc.com/amy-morin/only-17-percent-of-adults-function-at-optimal-mental-health-yet-no-one-wants-to-talk-about-it.html.

Natividad, Annie C. "Movie Review:Precious: Based on the Novel Push by Sapphire." *Journal of Creativity in Mental Health*, vol. 5, no. 3, 2010, pp. 339–342., https://doi.org/10.1080/15401383.2010.507659.

Sasek, Zdenek. "Vector Cartoon Stick Figure Drawing Conceptual Illustration of Frustrated Man with Low Confidence or Self Esteem Looking at Yourself in Mirror with Loser Sign." *Alamy Stock Vector*, Alamy Stock Vector, 12 July 2020, https://www.alamy.com/vector-cartoon-stick-figure-drawing-conceptual-illustration-of-frustrated-man-with-low-confidence-or-self-esteem-looking-at-yourself-in-mirror-with-loser-sign-image365811337.html. Accessed 15 Dec. 2021.

Erwartungshorizont Mindmap

Eine Ansammlung von Termini, die erscheinen kann

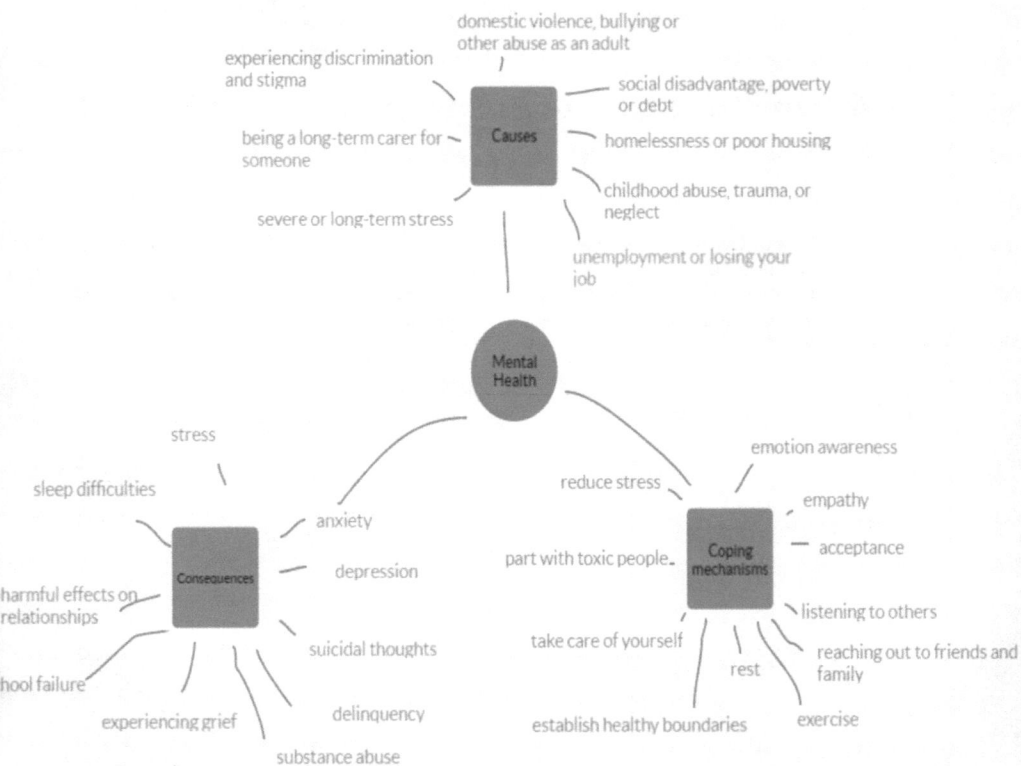

Arbeitsblatt

grief - childhood abuse - reaching out to others -
discrimination - stress - failure - acceptance -
taking care of oneself -relationships - bullying -
healthy boundaries

Quotation taken from Natividad, Annie C.
"Movie Review:Precious: Based on the
Novel Push by Sapphire." *Journal of
Creativity in Mental Health*, vol. 5, no. 3,
2010, pp. 339–342.,

Creating the Structure of a Comment – *Push* and Mental Health

Push by Sapphire is a riveting example of how disconnection and isolation may be transcended even in the face of incredible adversity [. . .] [T]his [work] provides concrete examples of controlling images and the resulting pain. It also provides an example of how a growth-fostering relationship can help move someone from isolation into connection".

Introduction

1. Paragraph

2. Paragraph

3. Paragraph

Conclusion

Erwartungshorizont Arbeitsblatt

grief - childhood abuse - reaching out to others - discrimination - stress - failure - acceptance - taking care of oneself -relationships - bullying - healthy boundaries

Quotation taken from Natividad, Annie C. "Movie Review:Precious: Based on the Novel Push by Sapphire." *Journal of Creativity in Mental Health*, vol. 5, no. 3, 2010, pp. 339–342..

Creating the Structure of a Comment – *Push* and Mental Health

Push by Sapphire is a riveting example of how disconnection and isolation may be transcended even in the face of incredible adversity [. . .] [T]his [work] provides concrete examples of controlling images and the resulting pain. It also provides an example of how a growth-fostering relationship can help move someone from isolation into connection".

Introduction

- Umbrella sentence
- Story about a girl who struggles with mental health issues but finds help and thus overcomes struggle with self-esteem

1. Paragraph

- I: Precious did not have an easy way into life
➔ Past childhood, trauma, no capital, no resources, no support, a lot of problems and no one to help her

2. Paragraph

- II: She got offered help by a stranger (Blu), opens up first time
➔ Still concerned and suspicious of anybody wanting to help her, but accepts and learns that others have same problems, finds love, grows in confidence

3. Paragraph

- III: She realizes that she too deserves a healthy and happy life through the ongoing support of others
- Wants to be successful, to have a good life, convinces herself

Conclusion

- Short summary of findings
- Precious shows a progression in thought and self-esteem
- Overcomes hatred and general negative conception of herself in society, overcomes mental health issues by finding strategies to cope (write, baby, friends & Blu, educating, taking care of herself)

BEI GRIN MACHT SICH IHR WISSEN BEZAHLT

- Wir veröffentlichen Ihre Hausarbeit, Bachelor- und Masterarbeit

- Ihr eigenes eBook und Buch - weltweit in allen wichtigen Shops

- Verdienen Sie an jedem Verkauf

Jetzt bei www.GRIN.com hochladen und kostenlos publizieren